ANALIZA SWOT

Un instrument important pentru dezvoltarea strategiilor de afaceri

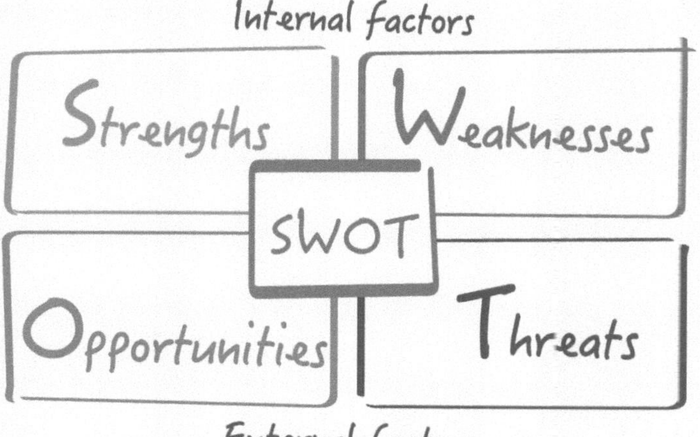

50MINUTES.com

ANALIZA SWOT

Un instrument important pentru dezvoltarea strategiilor de afaceri

scris de Christophe Speth

tradus de Alina Dobre

ANALIZA SWOT

INFORMAȚII CHEIE

- **Denumire**: Analiza SWOT sau metoda SWOT este un acronim al termenilor Strengths, Weaknesses, Opportunities și Threats (Puncte tari, Puncte slabe, Oportunități și Amenințări).

- **Utilizări:** acest model permite organizațiilor (întreprinderi, administrații publice sau asociații) să identifice rapid atât factorii interni legați de funcționarea internă, cât și factorii externi care depind de mediul în care evoluează. Analiza SWOT este utilizată ca instrument de luare a deciziilor și pentru a facilita elaborarea de planuri strategice.

- **De ce are succes?** Puterea analizei SWOT constă în simplitatea sa. Pe lângă faptul că este ușor de utilizat, aceasta colectează rezultate care pot fi ușor comunicate publicului.

- **Cuvinte cheie:**

  - <u>Factor extern</u>: un element pe care o organizație nu îl poate influența, legat de mediul în care evoluează.

  - <u>Factor intern</u>: un element care poate fi influențat sau modificat de organizație.

  - <u>Puncte forte</u>: factori interni ai întreprinderii care îi consolidează poziția concurențială.

- Puncte slabe: factori interni care slăbesc poziția concurențială a unei organizații.

- Oportunități: factori externi care au puterea de a influența în mod pozitiv poziția concurențială a unei organizații.

- Amenințări: factori externi care influențează în mod negativ mediul extern al unei organizații.

INTRODUCERE

Istorie

Analiza SWOT provine din publicația *Business Policy: Text and Cases* (1965), creată de patru profesori de la Universitatea Harvard – Edmund Philip Learned (1900-1991), Roland Chris Christensen (1919-1999), Kenneth Richmond Andrews (1916-2005) și William D. Guth. Această metodă este unul dintre primele modele care iau în considerare mediul extern al unei organizații. Înainte, modelele de strategie se limitau la planificarea strategică, fără a lua în considerare mediul înconjurător.

În prezent, analiza SWOT este utilizată în principal în cadrul departamentelor de marketing ale marilor întreprinderi. Multe IMM-uri o folosesc, de asemenea, ca instrument de luare a deciziilor.

O serie de firme de consultanță utilizează, de asemenea, analiza SWOT, deoarece le permite să analizeze rapid situația și să o prezinte clienților în mod schematic și mai simplu. Alte companii, cum ar fi McKinsey și BCG, au propriile modele de analiză.

Definiție

Analiza SWOT este un instrument multidimensional de analiză strategică:

- identifică factorii interni ai unei organizații (puncte forte și puncte slabe) și factorii externi legați de mediul său (puncte slabe și amenințări);

- permite, de asemenea, organizațiilor să prioritizeze factorii în funcție de impactul preconizat, indiferent dacă sunt pozitivi (puncte forte și oportunități) sau negativi (puncte slabe și amenințări).

O analiză SWOT nu are valoare intrinsecă decât dacă este utilizată în scopuri strategice.

TEORIE

Analiza SWOT investighează situația actuală a unei organizații la un moment dat, într-o manieră prospectivă, spre deosebire de cea retrospectivă. De asemenea, aceasta analizează structura, ținând cont de perspectivele viitoare. În același timp, analiza SWOT se concentrează asupra funcționalității interne (puncte forte și puncte slabe) și asupra mediului extern (oportunități și amenințări) ale unei organizații.

- **Punctele forte** sunt elemente ale unei organizații care influențează în mod pozitiv dezvoltarea acesteia și poziția sa competitivă. În general, punctele forte sunt considerate a fi deosebit de semnificative, deoarece nu caracterizează concurența. Analiza SWOT identifică avantajele competitive deținute de o companie în raport cu concurenții săi.

- **Punctele slabe sunt, de** asemenea, legate de funcționarea internă a unei organizații, dar, în general, au un impact negativ asupra dezvoltării și poziției competitive a acesteia. Capacitatea de a identifica în mod clar punctele slabe interne ale unei organizații este vitală: aceasta permite îmbunătățirea aspectelor relevante și reorientarea activității pentru a le face mai puțin vulnerabile.

- **Oportunitățile** pentru o organizație depind de cele disponibile în mediul extern. Acestea pot fi exploatate pentru a îmbunătăți progresul și poziția competitivă. Odată acest lucru realizat, ele pot deveni forțe care influențează în mod pozitiv dezvoltarea unei organizații.

- **Amenințările provin, de** asemenea, din mediul extern al unei organizații. Identificarea acestora este adesea rezultatul unei activități strategice tradiționale. Atâta timp cât sunt detectate la timp, amenințările pot fi mai bine anticipate, iar impactul lor asupra performanței poate fi redus (și invers).

Uneori, amenințările pot deveni puncte forte. De asemenea, oportunitățile pot deveni puncte slabe. De fapt, având în vedere că organizația nu se dezvoltă doar în mediul său, viitorul său depinde și de deciziile luate de concurenți.

FACTORI CARE INFLUENȚEAZĂ EVOLUȚIA UNEI ORGANIZAȚII

În ceea ce privește funcționarea internă, pentru a identifica punctele forte și punctele slabe ale unei organizații, trebuie luate în considerare numeroase caracteristici, printre care:

- **Competitivitatea costurilor.** Unul dintre primele aspecte care fac ca o întreprindere să fie competitivă este capacitatea sa de a menține costurile la un nivel scăzut. Pentru a gestiona costurile, aceasta trebuie să monitorizeze îndeaproape eficiența tehnicii de producție (este posibil să producă mai mult folosind mai puțin?), precum și alocarea resurselor (ar trebui să înlocuiască capitalul cu forța de muncă?). Poate apărea un conflict între competitivitatea costurilor și protecția lucrătorilor. De exemplu, dacă standardele sociale și de mediu mai scăzute pot reduce costurile, acest lucru nu înseamnă că nu are un impact (negativ) asupra lucrătorilor.

- **Capacitatea rețelei și a distribuției.** Are structura întreprinderii o rețea de distribuție eficientă? În special, garantează aceasta un serviciu de livrare bun (rată ridicată de produse care ajung la timp, rată scăzută de spargeri, rată scăzută de erori etc.)?)? Reușește aceasta să raționalizeze costurile de distribuție (costuri globale suficient de scăzute de depozitare și transport al mărfurilor)? Un posibil compromis între calitatea produselor, timpul de livrare și costurile de distribuție este reprezentat de niveluri mai scăzute ale stocurilor. Această strategie se bazează pe utilizarea din ce în ce mai frecventă a noilor tehnologii ale informației și comunicațiilor (NTIC). Adesea denumită "producție la timp", aceasta înseamnă că o întreprindere fabrică un produs odată ce acesta este comandat de client și este livrat într-un t mp foarte scurt datorită rețelei sale de distribuție eficiente.

- **Vânzări și marketing.** Departamentul de marketing joacă, de asemenea, un rol crucial în succesul unei companii. Este acesta în măsură să anticipeze nevoile clienților? Este capabil să lanseze campanii publicitare pentru a atrage clienții? O bună strategie de marketing este o forță incontestabilă pentru orice companie.

- **Resurse financiare. O** stabilitate financiară suficientă este un avantaj real pentru o organizație. De fapt, capacitatea de a mobiliza lichidități joacă un rol major, deoarece acestea sunt esențiale pentru lansarea oricărui proiect de extindere.

- **Resurse umane.** Gestionarea resurselor umane este un aspect adesea neglijat de către companii, administrații publice și asociații. Cu toate acestea, este important ca fiecare structură să posede anumite competențe cheie. Poate fi preferabil ca o organizație să petreacă mai mult timp pentru a găsi o persoană potrivită decât să recruteze în grabă un candidat care nu corespunde postului. Într-un sens mai general, este important ca întreprinderile să stabilească un sistem de comunicare care să permită relații de lucru optime între colegi.

- **Politica de inovare.** La un nivel mai strategic, și în propria noastră economie, tot mai multe companii – și universități – se străduiesc să breveteze numărul de inovații de care sunt capabile. Deținerea de brevete trebuie să meargă mână în mână cu viziunea strategică, permițând proprietarilor să prezinte utilitatea și valoarea inovațiilor lor. De asemenea, acestea sunt influente atunci când negociază cu alte companii utilizarea produselor lor brevetate.

În ceea ce privește mediul extern, mulți factori influențează oportunitățile și amenințările cu care se confruntă o organizație, printre care:

- **Climatul economic.** Prezența sau lipsa unei creșteri economice puternice are cu siguranță un impact asupra situației diferitelor organizații. O activitate economică solidă permite unei companii să își sporească creșterea. În mod similar, o întreprindere în dificultate care își pierde cotele de piață poate evita uneori falimentul în perioadele de creștere economică rapidă, deoarece creșterea poate compensa parțial punctele slabe ale unei întreprinderi. Putem presupune rezultatul opus în cazurile de recesiune economică.

- **Tendințele globale de consum.** Un alt aspect care nu trebuie neglijat de către companii este evoluția nevoilor consumatorilor. Dacă propunerea de valoare este în concordanță cu noile nevoi, progresia este pozitivă. Dacă nevoile se îndepărtează de propunerea de valoare, progresia este negativă. Pentru a evita acest lucru, departamentul de marketing poate încerca să anticipeze schimbările folosind diferite instrumente, cum ar fi ciclul de viață al produsului, care detaliază diferitele faze ale unui produs (dezvoltare, lansare, creștere, maturitate și declin).

- **Mediul concurențial.** Evoluția mediului concurențial joacă, de asemenea, un rol esențial. Cele mai mari companii, cele mai performante sau cele mai susceptibile de a declanșa un război al prețurilor pot avea un impact negativ asupra rentabilității unei companii.

- **Mediul de reglementare.** Evoluția reglementărilor poate reprezenta, de asemenea, o amenințare dacă o structură nu este pregătită să le facă față. Cu toate acestea, în anumite cazuri, ea permite companiilor să își evite concurenții dacă aceștia sunt mai puțin pregătiți să concureze.

Acum că ați înțeles fundamentul teoretic al analizei SWOT, vă puteți distra și vă puteți crea propria analiză ca student sau lucrător. De exemplu, dacă vă aflați la mijlocul studiilor, este posibil să aveți cunoștințe generale excelente (punct forte), dar uneori aveți probleme în exprimarea ideilor în scris (punct slab). În calitate de student, aveți acces la un număr considerabil de opțiuni, cum ar fi Erasmus sau stagii de lucru (oportunități). Cu toate acestea, modificările costului vieții vă pot cauza, din păcate, probleme (amenințare).

LIMITĂRI ȘI EXTINDERI

CRITICI

Teoreticienii și practicienii sunt, în general, de acord că rezultatele unei analize SWOT pot conduce la o analiză rapidă a situației, care rămâne aproximativă și incompletă. De asemenea, diferitele aspecte ale analizei SWOT nu se exclud neapărat unele pe altele.

De exemplu, un nou regulament poate fi perceput atât ca o amenințare, cât și ca o oportunitate pentru o întreprindere. Consultanții Terry Hill și Roy Westbrook au publicat o lucrare de referință, Analiza SWOT: It's Time for a Product Recall, care scoate în evidență limitele inerente ale unei analize SWOT.

- În primul rând, ea rămâne în esență descriptivă. S-a demonstrat în anumite cazuri că acest lucru o face ineficientă, deoarece nu orientează procesul decizional într-un fel sau altul. Diagnosticul unei analize SWOT ar putea fi excelent, dar dacă deciziile luate în prealabil nu sunt corecte sau nu sunt puse în aplicare corect, este inutil. Prin urmare, putem constata că analiza SWOT nu este cu adevărat un mijloc de obținere a unui avantaj competitiv.

- Nu putem trece cu vederea costurile pe care le implică realizarea unei analize SWOT, deoarece aceasta necesită o taxă pentru consultanții interni și/sau externi.

Uneori este de preferat să nu fim restricţionaţi de un model managerial care limitează creativitatea.

- Un alt risc provine din faptul că nu se acordă prioritate în ordinea importanţei factorilor identificaţi conform analizei SWOT şi se concentrează asupra unor detalii nesemnificative. Pe lângă pierderea de timp, acest lucru ar putea avea un impact dezastruos asupra unei organizaţii dacă aceasta cheltuieşte resurse pentru a elimina probleme minore.

ALTE MODELE

Există şi alte modele care par la fel de eficiente ca şi analiza SWOT şi care facilitează la fel de bine luarea deciziilor. Analiza celor cinci forţe a lui Michael E. Porter (profesor universitar american, născut în 1947) evaluează, de exemplu, constrângerile la care este supusă o industrie. Altele se concentrează pe interacţiunea strategică dintre concurenţi (de exemplu, deciziile legate de cantitatea de producţie şi fixarea preţurilor). Acestea oferă o abordare mai puţin cuprinzătoare, dar sunt totuşi instrumente puternice pentru a evalua puterea concurenţei în cadrul industriilor în cauză.

Cele cinci forţe ale lui Porter

Modelul celor cinci forţe al lui Porter permite unei companii să îşi analizeze mediul concurenţial. Acesta identifică cinci forţe care sunt capabile să influenţeze peisajul concurenţial al unei industrii.

- Cea mai evidentă constrângere cu care se confruntă o întreprindere este existența unor **concurenți direcți**. Cu toate acestea, intensitatea rivalității dintre întreprinderi nu depinde în mod sistematic de existența unui număr de întreprinderi aflate în concurență: este posibil ca două întreprinderi din industria A să se lupte pentru prețuri, în timp ce patru întreprinderi din industria B formează un cartel stabil și profitabil.

- **Amenințarea noilor intrați pe piață** poate, de asemenea, să descurajeze o întreprindere să fixeze prețuri ridicate, chiar și în cazurile de monopol. Această amenințare nu este întotdeauna credibilă dacă există bariere semnificative la intrarea și la ieșirea din industrie, caz în care randamentul este neglijabil. Anumite întreprinderi investesc într-o capacitate excedentară pentru a produce mai mult în cazul în care apare un concurent (ceea ce reduce efectiv prețurile și scade profitul noilor intrați). Noii intrați, fiind în general la curent cu aceste capacități excedentare, sunt mai puțin înclinați să se lanseze.

- Companiile trebuie să fie conștiente de **produsele și serviciile care le-ar putea înlocui**. Dacă ne uităm la exemplul transportului pe distanțe medii și lungi (între 300 și 1000 km), trenurile de mare viteză au devenit un substitut serios pentru transportul aerian în Europa de Vest în ultimele decenii (ceea ce a dus la o raționalizare a sectorului aerian, odată cu apariția operatorilor low-cost, precum Ryanair și easyJet).

- **Puterea de negociere între furnizori și clienți** poate avea un impact decisiv asupra profitabilității unei companii. În general, se poate spune că clienții și furnizorii pot obține prețuri mai bune atunci când există doar câteva companii și când pe piață apar noi concurenți potențiali.

Concurența oligopolistică și prezența cartelurilor

Unele modele economice ne permit să ne concentrăm asupra interacțiunii strategice dintre companii.

- **Modelul lui Antoine Augustin Cournot** (matematician și filozof francez, 1801-1877) a fost creat pentru a analiza concurența oligopolistă (aparținând unei piețe caracterizate de un număr mic de vânzători pentru un număr mare de cumpărători). În general, acesta este utilizat până când companiile decid ce cantități să producă – o decizie luată în funcție de influența asupra politicii de prețuri. Companiile active din industria automobilelor, de exemplu, întâmpină dificultăți în a-și mări capacitatea de producție pe termen scurt (construirea unei fabrici necesită timp). Pentru un număr de concurenți, presiunea concurenței într-o industrie de tip Cournot este considerată în general ca fiind medie și limitată.

- Dimpotrivă, **modelul lui Joseph Louis François Bertrand** (matematician și economist francez, 1822-1900) este utilizat până când companiile decid nivelul prețurilor și pot crește sau reduce cu ușurință cantitatea produsă. Atâta timp cât există concurență, așa cum o descrie Bertrand, două companii sunt suficiente pentru a menține profiturile la un nivel scăzut, deoarece se vor afla inevitabil într-o luptă pentru prețuri. Acest model este utilizat în principal de companiile din industrii în care este ușor de modificat cantitatea de producție pe termen scurt în cauză cu o astfel de concurență (de exemplu, industria textilă). În general, în cazul în care există cel puțin doi concurenți, presiunea concurenței într-o industrie de tip Bertrand este foarte puternică. Astfel de industri sunt, prin urmare, mai puțin atractive la început.

- Este, de asemenea, posibil ca concurenții activi dintr-un sector – deși acest lucru este ilegal – să convină în mod explicit să limiteze concurența. Acest lucru este cunoscut sub numele de **cartel organizat**. Acordurile informale nu sunt ilegale și sunt, prin definiție, imposibil de dovedit. În cazul în care un cartel este stabil, profitul comun al companiilor implicate va fi egal cu profitul monopolistului. Pe scurt, următoarele condiții facilitează formarea unui cartel:

  - un număr redus de întreprinderi;

  - capacitatea de a depista și pedepsi rapid pe cei care nu respectă acordul;

  - suficientă răbdare din partea companiilor participante la acord.

APLICAȚIE PRACTICĂ

CINCI PAȘI PENTRU A AVEA SUCCES CU ANALIZA SWOT

1. **Identificați punctele forte.** Identificați elementele care au o influență pozitivă asupra performanței organizației și care sunt legate de funcționarea internă. După cum s-a menționat în capitolul de prezentare a modelului, este util să se efectueze această identificare în detaliu, combinând ceea ce caracterizează situația financiară a organizației, performanța canalului său de distribuție, imaginea de marcă etc.

2. **Identificați punctele slabe.** În continuare, identificați elementele care au o influență negativă asupra performanței organizației și cele legate de funcționarea internă. O capacitate slabă de inovare, o comunicare defectuoasă și incapacitatea de a reduce costurile la fel ca alți concurenți sunt toate puncte slabe care influențează negativ performanța unei organizații.

3. **Identificați oportunitățile.** Atunci când se iau în considerare oportunitățile oferite de un mediu definit, acestea sunt factori externi unei organizații care ar putea avea o influență pozitivă. Aspectele care trebuie cercetate sunt mai mult sau mai puțin specifice fiecărei organizații (concurență, context economic, juridic și demografic etc.).

4. **Identificați amenințările.** Atunci când se identifică amenințările într-un mediu definit, este util să se analizeze factorii externi ai unei organizații care ar putea avea o influență negativă. Încă o dată, elementele care necesită investigare depind de natura fiecărei organizații.

5. **Stabiliți o strategie.** Odată ce toți factorii interni și externi au fost identificați, poate începe faza de luare a deciziilor. Uneori, aceasta poate lua forma unei planificări strategice pe termen lung. În alte cazuri, analiza SWOT nu va face decât să accelereze procesul de luare a deciziilor prin luarea în considerare a contextului în care evoluează organizația.

SFATURI

- Este esențial să vă susțineți concluziile cu cifre, date și fapte. Un diagnostic pus prea repede este modalitatea perfectă de a lua decizii greșite.

- Dacă este posibil, încercați, de asemenea, să susțineți fiecare punct forte, punct slab, oportunitate și amenințare. Astfel, se elimină factorii neglijabili care nu au nicio influență utilă asupra procesului decizional.

- Analiza SWOT este valoroasă doar dacă este utilizată la potențialul său maxim. Este esențială pentru a se asigura că deciziile luate sunt bine puse în aplicare.

- Atunci când decideți să luați decizii pe baza rezultatelor unei analize SWOT, concentrați-vă toate eforturile asupra deciziilor pe care organizația este capabilă să le pună în aplicare sau să le controleze.

STUDIU DE CAZ – ORGANIZAȚIE TURISTICĂ DIN SUDUL FRANȚEI

În această secțiune, vom examina un exemplu de analiză SWOT. Organizația studiată este o mică organizație de turism condusă de un cuplu. Aceștia dețin trei case de oaspeți situate în sudul Franței, la granița dintre Alpi și Provence. Identificată ca o organizație turistică, aceasta atrage o clientelă în principal străină, în special în timpul verii. Una dintre problemele majore care afectează această organizație turistică este reprezentată de neregularitatea cererii în funcție de sezon. Rata de ocupare se apropie de 100% în iulie și august, dar abia dacă atinge 30% în restul anului. Problema gradului de ocupare este direct legată de mediul extern al întreprinderii, deoarece este de la sine înțeles că cuplul care administrează pensiunile nu are niciun control asupra datelor de vacanță ale clienților. Cu toate acestea, există alți factori care pot fi ajustați și, prin urmare, controlați la nivel intern pentru a influența alegerile turiștilor.

Să vedem cum o analiză SWOT poate contribui la îmbunătățirea acestei organizații turistice.

Analiza mediului extern al companiei – amenințări și oportunități

- **Evoluția reglementărilor a** avut un impact considerabil asupra situației acestei mici organizații în ultimii ani. Acestea reprezintă o constrângere reală, în sensul că proprietarii trebuie să cheltuiască uneori sume mari de bani pentru a le satisface. Ne putem gândi, de exemplu, la noile reglementări în materie de securitate, care se aplică uneori în mod similar marilor hoteluri, deoarece acestea beneficiază de importante economii de scară (costul mediu pe cameră pentru a satisface reglementările scade pe măsură ce crește numărul de camere) și, în general, posedă clădiri mai moderne.

- **Evoluția politicii fiscale** într-o țară străină poate avea adesea un impact crucial asupra operațiunilor unei companii, într-o manieră indirectă. În cazu acestei organizații de turism, care atrage o serie de clienți belgieni cu profiluri socio-profesionale mai înstărite, este posibil ca ajustarea la impozitarea belgiană a mașinilor de serviciu să fi provocat, în consecință, o reducere a ratei de ocupare. De fapt, s-ar părea că reforma fiscală în cauză a făcut ca ajutoarele pentru autoturismele de serviciu să devină mai puțin interesante pentru întreprinderile belgiene, care oferă în cea mai mare parte benzină gratuită pentru personalul care beneficiază de un astfel de vehicul. Folosirea unei mașini pentru a călători în sudul Franței este deosebit de utilă pentru belgien , în special pentru cei care au copii mici. De asemenea, în cazul în care acest sistem este mai puțin utilizat, clienții tind să își schimbe obiceiurile și, în același timp, să se gândească la alte mijloace de transport și la alte destinații mai îndepărtate și mai puțin exotice. Acest ultim aspect conduce la problema produselor și serviciilor de substituție dezvoltate în modelul celor cinci forțe al lui Porter (de exemplu, călătoriile cu avionul, pentru care prețul relativ reprezintă o concurență semnificativă).

- **Evoluția tehnologiei** este atât o oportunitate, cât și o amenințare pentru tânărul cuplu. Introducerea site-urilor web care permit utilizatorilor să rezerve o cameră direct – fără a trece prin intermediul proprietarilor – a schimbat considerabil gestionarea pensiunilor. Această revoluție tehnologică creează o oportunitate, în sensul că aceste site-uri sporesc vizibilitatea și pot facilita contactul dintre proprietari și turiști. Din păcate, este adesea dificil să vă controlați reputația online atunci când utilizați aceste servicii. Obiceiul din ce în ce mai frecvent al turiștilor de a folosi aceste site-uri pentru a rezerva camere a provocat o cvasi-dispariție a ghidurilor pe hârtie, în care infrastructura turistică este adesea bine referențiată.

- **Rolul puterilor publice în promovarea turismului în regiune.** Puterile publice au o influență considerabilă asupra atractivității unei regiuni. În cazul acestei unități turistice, susținerea și promovarea locurilor și/sau activităților din jur (de exemplu, locuri de frumusețe naturală, evenimente sportive unice etc.) de către administrația locală, de exemplu, pot atrage mai mulți clienți.

- **Accesibilitatea sa pe cale aeriană, feroviară și rutieră. Având în** vedere dificultatea pe care o implică accesul la unitatea lor, se recomandă ca managerii să sprijine dezvoltarea propunerilor de investiții în infrastructura de transport (de exemplu, autostrăzi, linii de cale ferată, terminale aeroportuare etc.).

- **Mediul economic defavorabil** legat de criză a avut, în mod evident, un impact negativ direct asupra dorinței turiștilor de a pleca în vacanță: bugetul de cheltuieli estimat pare de fapt mai puțin important decât în 2008. Pe de altă parte, mult așteptata revenire a creșterii economice ar putea avea un impact pozitiv asupra situației acestei instituții.

Analiza mediului intern al organizației – Puncte tari și puncte slabe

- **Satisfacția turiștilor.** Nivelul de satisfacție a turiștilor este bun. Nu numai că este un semn al unei organizații de succes, dar este și important, deoarece atrage noi clienți prin intermediul comunicării verbale și al reputației online create ca urmare (o bună imagine de marcă online). Mulți turiști pot deveri clienți fideli și pot reveni în fiecare an. Unii chiar devin adevărați ambasadori ai unității și își încurajează prietenii și familia să meargă acolo în vacanță.

- **Locația unității turistice** este atât atractivă, cât și respingătoare. Izolarea geografică a locului atrage un anumit tip de turist care dorește o pauză într-un mediu liniștit, caz în care această unitate este perfectă. Această locație poate fi văzută și ca un punct slab, în sensul că pensiunile sunt greu accesibile cu mijloacele de transport în comun și sunt departe de facilități (supermarketuri, restaurante etc.). De asemenea, regiunea nu este foarte bine cunoscută ce turiști.

- **Apropierea de activități și servicii turistice.** Disponibilitatea diverselor activități sportive, inclusiv a activităților sezoniere (trasee de drumeții și ciclism montan vara; schiuri iarna) în apropierea unității de cazare reprezintă un punct forte al organizației. În egală măsură, găzduirea meselor stabilite poate pune turiștii în contact unii cu alții. Mulți dintre ei apreciază acest contact social, chiar dacă unii dintre ei preferă intimitatea lor.

- **Profilul clientului.** În prezent, organizația atrage în principal persoane fizice. Ar putea fi interesant să atragă o altă bază de clienți. O posibilă soluție ar fi contactarea companiilor care doresc să organizeze seminarii și/sau sesiuni de team building. O altă posibilitate este colaborarea cu furnizorii de servicii turistice, cum ar fi organizațiile de drumeții.

- **Calitatea conexiunii la internet.** Conexiunea la internet este lentă din cauza locației izolate, ceea ce reprezintă o slăbiciune considerabilă în această eră digitală.

Analiza SWOT ne-a permis să identificăm un anumit număr de puncte forte, puncte slabe, oportunități și amenințări ale organizației. Să observăm acum cum combinația acestor elemente poate duce la luarea unor decizii strategice eficiente. Din acest punct de vedere, este posibil să:

- **Profitați de oportunități.** Evoluția tehnologiei poate fi exploatată în ceea ce privește vizibilitatea oferită de internet. Organizația ar fi înțelept să își înregistreze pensiunile pe platformele disponibile, unde potențialii clienți (persoanele care caută un loc de vacanță la distanță) le pot găsi. Având în vedere faptul că consumatorii au un buget de vacanță mai mic decât înainte, ar putea fi util ca organizația să își adapteze politica de prețuri, profitând în special de posibilitățile oferite de noile tehnologii (de exemplu, ofertele de ultim moment).

- **Anticipați amenințările.** Chiar dacă evoluția cadrului de reglementare poate fi considerată o amenințare pe termen scurt, aceasta reprezintă, de asemenea, un obstacol în calea dezvoltării de noi structuri. Pe termen lung, acestea vor forma o barieră excelentă la intrare și vor permite celor care se adaptează la noul cadru de reglementare să beneficieze de stabilitate în fața concurenței.

- **Întăriți punctele forte.** Metoda cea mai eficientă ar putea fi cea mai eficientă dacă organizația comunică mai bine cu clienții săi obișnuiți pentru a-i atrage în alte anotimpuri. Loialitatea acestora poate fi exploatată și prin intermediul rețelelor sociale.

- **Remediați unele puncte slabe. Pentru a** diversifica baza de clienți, întreprinderea ar putea propune sejururi pentru clienții corporativi (organizarea unui sejur de seminar profesional sau a unui sejur tematic care să implice gastronomie, sport sau orice altceva echivalent).

Ar putea fi luate și alte decizii și, fără îndoială, ar putea fi luate în considerare și alte opinii, dar, în cele din urmă, totul va depinde de prioritățile stabilite de cei responsabili de organizație.

REZUMAT

- Analiza SWOT presupune analiza factorilor care influența (pozitiv sau negativ) funcționarea internă și mediul extern al unei organizații, care poate fi o întreprindere, o asociație sau o administrație publică.

- Punctele tari și punctele slabe sunt măsurile pe care o organizație le poate controla. Competitivitatea costurilor joacă în mod evident un rol determinant în succesul unei întreprinderi. Nu trebuie subestimat niciodată rolul jucat de concurență în ceea ce privește alte aspecte, în special capacitatea de inovare.

- Oportunitățile și amenințările sunt legate de mediul extern al unei organizații și nu pot fi controlate de către aceasta. Adesea se consideră că acestea sunt de natură economică (creștere sau recesiune), dar este important să nu se ignore alte aspecte care sunt mai specifice industriei (schimbarea nevoilor clienților, mediul concurențial și reglementările).

- Studiul punctelor tari, al punctelor slabe, al oportunităților și al amenințărilor ar trebui să conducă la luarea de decizii sau la adoptarea de planuri strategice.

- Câteva sfaturi pentru realizarea unei analize SWOT: Gândiți-vă să vă bazați mai degrabă pe fapte decât pe instituții. Este esențial să vă susțineți analiza cu cifre tangibile (de exemplu, date financiare).

- Analiza SWOT este în prezent o metodă foarte populară, în special în cadrul departamentelor de marketing ale marilor companii.

- Simplitatea sa rămâne o sabie cu două tăişuri. Unii autori au arătat că utilizarea analizei SWOT poate avea uneori un impact negativ asupra performanţei unei organizaţii. Efectele negative pot fi lipsa de rigoare sau faptul că analiza nu este urmată de planul de acţiune strategică recomandat (potrivit lui Terry Hill şi Roy Westbrook).

- Au fost elaborate şi alte modele pentru a facilita stabilirea unei planificări strategice:

  - modelul celor cinci forţe, creat de Michael E. Porter la sfârşitul anilor '70, se concentrează în principa asupra constrângerilor care influenţează negativ profitabilitatea unei întreprinderi;

  - alte alternative la analiza SWOT, dezvoltate în secolul al XIX-lea, modelele economiştilor francezi Antoine Augustin Cournot şi Joseph Bertrand, permit o analiză aprofundată a concurenţei în contextul necesar.

LECTURI SUPLIMENTARE

BIBLIOGRAFIE

BCV. (2015) *D'une idée à un plan*. [Online]. [Accesat la 6 iunie 2014]. Disponibil la: < http://www.bcv.ch/fr/entreprises/outils_et_conseils/creer_votre_entreprise/d_une_idee_a_un_plan/votre_produit_ou_service_a_t_il_un_potentiel_de_vente_sur_le_marche/preparer_une_analyse_swot>

Bouvier-Patron, P. (2011) *Entreprise et innovation. Vers l'inter-organisation innovante responsable?* Paris: L'Harmattan.

Codex Celo. (2010) *L'art de (bien) utilizar une matrice SWOT pour convaincre*. [Online]. [Accesat la 6 iunie 2014]. Disponibil la: < http://www.ilikepm.com/2010/08/02/lart-de-bien-utiliser-une-matrice-swot-pour-convaincre/>.

Comisia Europeană. (2008) *L'analyse SWOT*. [online]. [Accesat la 6 iunie 2014]. Disponibil la Internet Archive: < https://web.archive.org/web/20080913090043/http://ec.europa.eu/europeaid/evaluation/methodology/examples/too_swo_res_fr.pdf>.

Helms, M. M. M. (2013) Enciclopedia teoriei managementului. Cadrul de analiză SWOT. *Sage Knowledge*. [Online]. [Accesat la 6 iunie 2014]. Disponibil la: < http://www.sagepub.com/gray3e/study/chapter3/Encyclopaedia%20entries/SWOT_Analysis_Framework.pdf>

Hill, T. şi Westbrook, R. (1997) Analiza SWOT: Este timpul pentru o rechemare de produse. *Planificarea pe termen lung.* 30(1), pp. 46-52.

Lambin, J-J. şi de Moerloose, C. (2008) *Marketing strategic ş operaţional. Du marketing à l'orientation-marché.* [ediţia a 7-a]. Paris: Dunod.

Learned, E. P., Christensen, R., Andrews, K. şi Guth, W. (1965) *Business Policy – Text and Cases.* Homewood: Irwin.

Mayrhofer, U. (2007) *Management strategic.* Paris: Bréal.

Porter, M. E. (2008) The Five Competitive Forces That Shape Strategy. *Harvard Business Review.* Disponibil la: < https:// hbr.org/2008/01/the-five-competitive-forces-that-shape-strategy?cm_sp=Article-_-Links-_-Comment>

Rousseau, B. (fără dată) Analize SWOT. *ANDLIL.* [Online]. [Accesat la 6 iunie 2014]. Disponibil la: < http://www.and-lil.com/analyses-swot/>

Universitatea din Québec la Montreal. (2014) *Fişă tehnică. L'analyse SWOT.* [Online]. [Accesat la 6 iunie 2014]. Disponibil la Internet Archive: < https://web.archive.org/web/20120710011319/http://www.er.uqam.ca/nobel/r20014/methodologie/SWOT.PDF>

Van Laethem, N. (2010) L'analyse SWOT : 10 conseils pour la réussir. *Le blog de la stratégie marketing.* [Online]. [Accesat la 6 iunie 2014]. Disponibil la: < http://www.mar-keting-strategie.fr/2010/05/15/10-conseils-pour-reus-sir-lanalyse-s-w-o-t/>

Varian, H. (2011) *Introduction à la microéconomie.* [ediţia a 7-a] Bruxelles: De Boeck.

Master ISBN: 9782808600798
Hârtie ISBN: 9782808602242
Depozit legal: D/2022/12603/225

Design digital: Primento,
partenerul digital al editurilor.